2023年4月15日(土) — 6月18日(日)

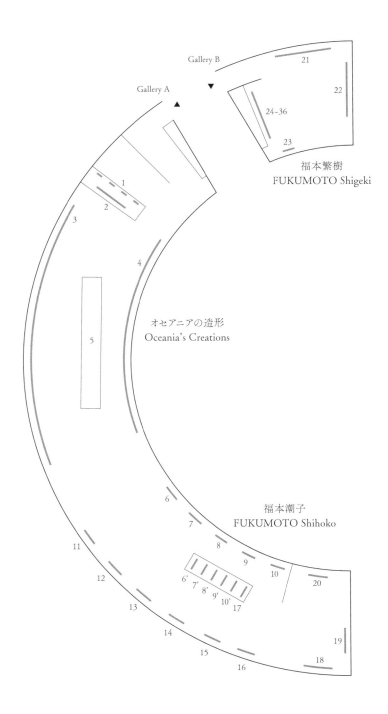

発現する布 ──オセアニアの造形と
福本繁樹／福本潮子

TEXTILE REVELATIONS – Oceania's Creations,
FUKUMOTO Shigeki and FUKUMOTO Shihoko

はじめに

本展では、南太平洋メラネシアのタパ（樹皮布）や編み布など、織物以前から伝わる手仕事による布と、オセアニアと日本の造形論への洞察を通して「染め」にしかできない表現を追求してきた福本繁樹、そして藍のもつ透明感や精神性を美術へと昇華し、近年では地方の生活と労働の中で作られ使われた古い自然布を用いた作品展開を見せる福本潮子、3つの作品群によって、布でしかなし得ない表現、ひいては表現媒体としての布の可能性について考えていきます。

　福本繁樹は、戦後の経済成長や海外渡航の自由化などによる「探検の時代」を背景とした、1969年からの京都市立美術大学（現・京都市立芸術大学）による派遣で、パプアニューギニアの「民族美術」を目にして衝撃を受けました。これ以来、仮面や彫像ばかりでないオセアニアの造形、特に土器や染織、装身具や貨幣に着目し、その後十数回のフィールドワークを重ね、著作として日本へ紹介すると共に、独自の染織文化論を発展させてきました。また福本潮子は、パプアニューギニアに3回同行し、土地に根ざす人々の造形が自然の営みの中から生まれる様子に遭遇したことで、翻って日本の伝統に目を向け、藍染めに出会い、現在もその可能性を探求し続けています。

　八甲田山麓の自然の中に位置する青森公立大学 国際芸術センター青森。古くからの豊かな自然や、縄文をはじめ数多の時代を生きた人々の息吹が身近に感じられるここ青森で、本展が自然と人間のかかわりによって生まれたかたち、生きていく上で欠かせない布から発露する根源的な表現について思いを馳せる機会となることを願っています。

Preface

This exhibition consists of three groups of work which together consider the expressivity that can only be achieved with cloth, and by extension, the potential of cloth as a medium of expression. One is a group of South Pacific Melanesian tapa (bark cloth) and interlaced fabric, representing a tradition of hand-made textiles handed down from before the development of cloth weaving. One is a group of works by dye artist Fukumoto Shigeki, who has long pursued the expressiveness unique to *somé* (Japanese dyeing), through his insight into the theories of figuration of Japan and Oceania. The third is a group of works by dye artist Fukumoto Shihoko, whose work sublimates the transparency and spirituality of indigo into art, and who has in recent years developed works using old natural cloth made and used in the life and labour of people in regional Japan.

Beginning in 1969, Fukumoto Shigeki took part in the larger movement of that "age of exploration" produced by Japan's postwar economic growth and the liberalization of overseas travel, by embarking on a voyage of discovery to the South Pacific as part of a group dispatched by Kyoto City University of Arts. His encounter with the "Ethno-Arts" of Papua New Guinea shocked him, and from that time onwards he devoted his attention not only to Oceania's masks and sculpture but to its art forms in general, especially earthenware, dyeing and weaving, ornaments and money, conducting more than a dozen fieldwork projects since that time. Through his writings he has introduced this art to Japan, while developing a unique theory of dye culture. Fukumoto Shihoko also accompanied him on three trips to Papua New Guinea. Her encounter there with the way in which the forms that people created, rooted in the land, are born out of the operations of nature, led her to turn her attention back to Japanese traditions, where she encountered the indigo dyeing whose possibilities she continues to explore.

Aomori Contemporary Art Centre, Aomori Public University is located in the midst of nature at the foot of Mount Hakkōda. Aomori, long blessed with natural abundance, breathes with the lives of all the generations from the early Jōmon Period onward who have lived here. We hope that this exhibition will provide an opportunity to reflect on the forms created by the relationship between nature and humans, and on the fundamental expressions that emanate from cloth, which is indispensable for life.

オセアニアの造形── 発現する布

　南太平洋の伝統的な社会では、西洋的な「美」や「芸術」の概念はみられず、宗教や社会的な儀式、もしくは日常生活で実際に使用するものが生み出されてきました。しかし、熱帯の大自然に育まれた人々の造形には、私たちの「芸術」に対する常識を揺り動かす力があります。19世紀後半から白人の宣教師や入植者が訪れるようになったオセアニア地域では、伝統的な暮らしや裸の装いが野蛮視され、否定、迫害されるなど、急速に文化が衰退するようになりました。またヨーロッパでは、20世紀前半にシュルレアリストをはじめとする芸術家が、アフリカやオセアニア地域の仮面・彫像に魅了され、自らの表現にグロテスクさやデフォルメの要素を取り入れましたが、それは多分にエキゾチシズムを含んだものであったでしょう。

　今回はメラネシアの3国から、パプアニューギニアのタパ（樹皮布）、ヴァヌアツのパンダナスの編み布、ソロモン諸島の貝貨と紐衣を展観します。この3国には日本の約1.5倍の面積に、現在約1000万人が住んでいますが、世界にある約7000の言語のうち、1000あまりの言語が数えられています。世界でもっとも言語密度が高い、多民族地域です。それぞれの民族が独自の文化や造形を手がけるなかでも、特に顕著な発達をみせる造形を選びました。

　ここで展示しているタパや編み布、貝貨などは、衣料や装身具などにもなりますが、それ以上に、冠婚葬祭をはじめとした儀礼に伴う交換財として重用されてきました。それだけに社会の誰もが称賛する魅力にあふれ、美的なもの、洗練されたもの、妙味のあるものとして完成されています。これらの造形物は、文化における布の価値や大切さとともに、布本来の機能が、身体に纏う衣類などの実用のみではなかったことを気づかせてくれます。

　タパは、南太平洋のみならず、世界の熱帯地域にみられます*。カジノキをはじめとするクワ科の木の幹から外皮をはぎ取り、中にある靭皮を取り出して叩きのばした原初的な布で、オセアニアでは重要な贈り物や交換財であるとともに、褌や腰巻などの衣料のほか、敷布や寝具、テーブルクロス、住居の装飾などにも用いられます。南太平洋では伝統的に女性が製作を担い、タパの上に植物や泥から得た染料もしくは顔料で様々な模様が描かれます。文様の多くは、先祖代々、民族や氏族に受け継がれてきたものです。今回は、パプアニューギニアのオロ州で1971-80年と2020年に福本繁樹が収集したMaisinの人々によるユニークな手描き文様の数々を展示します。

　ヴァヌアツのペンテコスト島中部には、世界でもまれにみる模様染めパンダナス布の「貨幣」をつくる術が伝えられてきました。Apma人がつくるパンダナス布は大小2種あり、幅80cm、長さ4mほどの「セセ sese」と、幅30cmあまり、長さ1.3mほどの「チップ tsip」です。この布は主に女性の手により、縦糸や横糸が斜めに交差するように編まれ、一年に1-2回、村人総出で大々的に染色が施されるものです。丸太を用意し、パンダナス布を巻き付け、模様を切り抜いたバナナの葉鞘の板をあて、これらをロープでぐるぐる巻きにして、染料の木 labaの根の表皮を貝で掻き削った赤色染料で炊き染めにします。タパと同様に、パンダナス布の編み組織や染め模様にも、祖先から受け継がれてきた名前と物語があります。

　福本繁樹は京都市立美術大学ニューギニア未開美術調査隊の一員として、1969年にはじめてパプアニューギニアを訪ねました。探検部をもとにした調査隊の活動や、企業に委託された民族資料の収集といった機会を利用しつつも、30歳で上梓した『メラネシアの美術』（1976年）において次のように書いています。

　「本書の企図するもの、それはメラネシア美術の表面的な形態だけをみて、誤った固定観念や主観的な感覚のみによった判断からのがれようという試みである。それはあのロマンチックな原始への回帰主義に対する疑問や抗議といったものになるかも知れない。**」

　1960年代末から、時代の変化など南太平洋美術の状況をみてきた福本繁樹は、特にタパや編み布などを通して、実用よりも表現媒体としての布の本領に気づきました。布は軽薄長大な支持体となり、繊維は細密多様な構成技法と多彩な文様や着色を可能とします。なぜ自身の創作で、布や染料に深くかかわってきたのか考えさせられたと言います。一方、1971-80年にかけて3回パプアニューギニアへ同行した福本潮子も、その土地の人々が、自然の営みのなかで自分たちにしか作れないかたちを生み出していることに感銘を受け、日本の伝統を改めて学ぶなかで藍染めに出会いました。オセアニアの人々のものづくりのあり方は、福本繁樹と福本潮子の現在に至る創作に、大きな示唆を与えています。

---

* 日本でも楮の繊維で織られた布は、古来「木綿（ゆふ）」と呼ばれ、
　　衣料や和紙、神が降臨する御幣に用いられた。
** 福本繁樹「序にかえて」より（『メラネシアの美術』求龍堂、1976年）

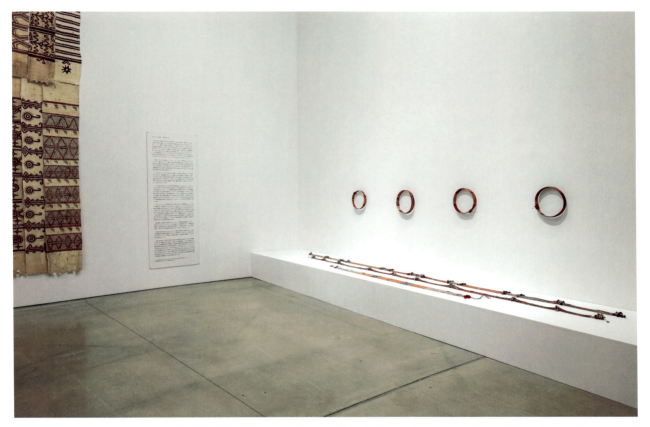

貝貨 *tafuri'ae*
Shell money *"tafuri'ae"*

戦士の籐製ベルト（紐衣）*fo'osae*
Warrior's rattan belt (string garment)

展示台: 棒締め染めパンダナス布 *tsip* 63点　Pole-wrap-with-stencil dyeing pandanus cloth *"tsip"* 63 pieces

Oceania's Creations: Textile Revelations

In traditional South Pacific societies, objects were produced for religious or social ceremonies, or for practical use in everyday life, but Western notions of 'beauty' and 'art' were absent. Nevertheless, the forms created by people nurtured in the tropical wilderness have the power to challenge our accepted ideas of art. From the late 19th century, when white missionaries and settlers first began to visit Oceania, the region's traditional lifestyles and naked way of life were considered barbaric and were condemned and suppressed, which contributed to the rapid decline of these traditional cultures. Meanwhile, in Europe in the first half of the 20th century, artists such as the Surrealists became fascinated by the masks and statues of Africa and Oceania, and the elements of grotesqueness and deformation that they incorporated into their own creations were surely tinged with a sense of exoticism.

This present exhibition features traditional objects from three Melanesian countries: tapa (bark cloth) from Papua New Guinea, plaited pandanus cloth from Vanuatu, and shell money and string clothing from the Solomon Islands. These countries, which together cover an area about 1.5 times the size of Japan, are currently home to about 10 million people and contain more than 1,000 languages out of the world's approximately 7,000 languages, a multi-ethnic region with the highest language density in the world. Each ethnic group has its own unique culture and creations, and for this exhibition, examples of the most prominent and well-developed of these have been selected.

The tapa, woven fabrics and shell money on display here could be used as clothing and ornaments, but more importantly, they have been valued as exchange goods for ceremonial purposes such as weddings and funerals etc. This being so, they are created to entice and invite the admiration of the people of that society, and display an impressive perfection of beauty, refinement and charm. These forms not only remind us of the value and importance of cloth in culture, they alert us to the fact that the original function of cloth transcended any merely practical uses such as clothing for the body.

Tapa is found not only in the South Pacific but also in other tropical regions throughout the world.* It is an early form of cloth made by stripping the outer bark from the trunks of mulberry and related species of trees, extracting the inner ligneous bark and pounding it flat. In Oceania it has been an important item of gift and exchange, and is used for loincloths, waistcloths and other clothing, as well as for sheet cloth, bedding, tablecloths and home decoration. In the South Pacific, women are traditionally responsible for the production of tapa, on which various patterns are painted using plant or mud dyes and pigments. Many of the patterns have been handed down for generations, in ethnic groups or within clans. This exhibition presents a number of unique hand-painted patterns by the Maisin people, collected by Fukumoto Shigeki in Oro Province, Papua New Guinea, between 1971-80 and 2020.

The central area of Pentecost Island in Vanuatu is one of the few places in the world to have preserved the art of making pattern-dyed pandanus cloth money. The Apma people manufacture two types of pandanus cloth: the large *sese*, 80 cm wide and about 4 m long, and the smaller *tsip*, 30cm wide and around 1.3 m long. The cloth is woven mainly by the women, with warp and weft threads crossing diagonally, and once or twice a year the entire village gathers to dye it on a large scale. A log is prepared and wrapped with the pandanus cloth, then covered with sheets of banana leaf sheath into which patterns have been cut. This is then rolled and wrapped with rope, boiled and dyed with red dye made by scraping the skin of the dye tree *laba*'s roots with a shell. Like tapa, the weaves and dye patterns of pandanus cloth have names and associated stories handed down from the ancestors.

Fukumoto Shigeki first visited Papua New Guinea in 1969 as a member of the Kyoto City University of Arts' New Guinea Art Research Team. He took full advantage of the opportunities offered by the expedition-based survey team and the commissioned collection of ethnic material, and at the age of 30 he published *Melanesian Art* (1976). He wrote:

'This book attempts to free Melanesian art from the kinds of false stereotypes and subjective judgments that are based solely on the superficial forms of the art. It could be said to be an interrogation of and protest against the romantic urge to return to the "primitive".' **

Through his observation of the circumstances and changes that have taken place in South Pacific art since the 1960s, Fukumoto has used his understanding of tapa and braided cloth to grasp the true nature of cloth as a medium of expression rather than of simply practical use. Cloth is a supporting material that has lightness, thinness and length, and its fibres allow for a variety of compositional techniques, patterns and coloring. Fukumoto says it has made him consider the reasons why he had been so deeply involved with fabric and dyes in his own creative work. On the other hand, Fukumoto Shihoko, who accompanied Shigeki to Papua New Guinea three times between 1971 and 1980, was impressed by the way the local people created forms that only they could create through their engagement with the natural world, and her subsequent renewed study of Japanese traditions led her to an encounter with indigo dyeing. The way the people of Oceania approach craftsmanship has remained a major inspiration for the creations of both Fukumoto Shigeki and Shihoko to the present day.

---

* In Japan, cloth made from mulberry fibre has long been known by the ancient name yufu, and has been used for clothing, Japanese washi paper, and for the paper wands sacred to the gods.

** From *Melanesian Art* (Kyuryudo, 1976), Introduction.

壁面: 樹皮布タパ *evovi* 139点　Tapa, bark cloth *"evovi"* 139 pieces

壁面: 棒締め染めパンダナス布 *sese* 30点　Pole-wrap-with-stencil dyeing pandanus cloth *"sese"* 30 pieces

FUKUMOTO Shihoko

福本潮子――
日本各地の風土をうつす布、時空を超える藍の青

　高校の卒業制作でプルシャンブルー(紺青)を塗り重ねた油画を発表した福本潮子は、大学でも油画を専攻しますが、西洋の表現方法を踏襲することに違和感を持ち、模索を続けました。1976年から西陣の龍村織物美術研究所で働くなかで、藍染めされた糸を目にし、自らの体感に合う青に出会います。粒子が粗い藍は、布に入りにくく空気との反応によって発色します。試行錯誤を経て、徳島の天然藍を用いた、ハイドロサルファイトの還元建てによって福本潮子の藍の青は生まれています。近年は、1970年代後半から取り組んできた絞りによる表現、1980年代末からの滲みやぼかしの探求を複合的に組み合わせた制作を続けていますが、通底するのは表現を担う布の重要性と、布からひろがる空間性です。

　2000年代に入り、それまで様々な表現を可能にさせてくれた蚊帳地が化学繊維に代わり、麻で織られなくなるなど、需要と供給に伴う布の変化と、素材や技術の衰退を目の当たりにすることになりました。そしてほぼ同時期に、対馬でつくられた「山ぎもん」の古布に出会いました。江戸時代中期に木綿が衣料として爆発的に普及してもなお、昭和初期まで各地の風土に育まれた木綿以前の手仕事の自然布(大麻、紙布、藤布、科布、オヒョウなど)が仕事着などに残

されていました。福本潮子は着物を解き、最小限の染めの仕事を施し、平面に縫い合わせてタピスリーに再生させます。このような布は藍が驚くほどよく染まるといいます。古布と触れ合い向き合って、なぜ染めるのかを自らに問いながら、まるで協働するかのように、それぞれの布のかたちを浮かび上がらせます。今回は初の試みとして、自然布の仕事着も一緒に展示します。

　前後しますが、福本潮子は80年代に、中国のトルファンで栽培され、丹後で繻子地に織られた綿布の光沢に魅せられました。自然の摂理と向き合いながら、光源のような点を求める福本潮子は、この布を重ねて絞ることで、小さい点だけでなく、大きく輝く点を生み出しました。近ごろは「ボロ」と呼ばれる藍染めの木綿布によって継ぎはぎされ、昭和初期ごろまで生活のなかで大切に使われてきた布に、大小さまざまな点をコラージュしたシリーズ《銀河》に取り組んでいます。さらに本展では、会期中の青森上空にひろがる星空をうつした《北斗》も展示します。藍の青によって、むかしの人の創意工夫と福本潮子の創作が、時空を超える境地へと誘います。

展示風景：左から 7. 東北-I、8. 蝦夷 / 奥の壁 19. 杜の向こう / 中央手前 6'. 山ぎもん / 右の壁右から 11. 銀河-II、12. 銀河-I、13. 銀河-IV、14.
Installation view：From Left 7. *Tōhoku-I* 8. *Ezo* / Back Wall 19. *Beyond the Forest* / Center 6'. *Yamagimon* / Right wall from right 11. *Galaxy-II* 12. *C*

FUKUMOTO Shihoko:
Cloth that reflects the climate of the various regions of Japan; indigo blue that transcends time and space

After exhibiting an oil painting of layered Prussian blue for her high school graduation work, Fukumoto Shihoko went on to study Western oil painting at university, but she felt at odds with the traditional confines of the Western expressive method and continued to search for her own artistic expressive path. In 1976, while working at the Tatsumura Textile Art Research Institute in Kyoto's Nishijin district, Fukumoto Shihoko met indigo-dyed threads and there encountered a blue that suited her own sensibility. It is difficult for the coarsely-structured indigo to penetrate fabric, and instead it develops its color through a reaction with the air. A process of trial and error has led Fukumoto Shihoko to produce her indigo blue by a reduction process of hydrosulphite using natural indigo from Tokushima. In recent years, she has continued to work in a complex combination of the shibori expression she has been working on since the late 1970s, together with her exploration since the late 1980s of the effects of dye blotting and blurring. The underlying commonality lies in the importance of cloth's role as a support for expression, and the sense of spaciality that emanates from it.

In the 2000s, Shihoko witnessed at first hand changes in the supply and demand for cloth, such as the replacement of hemp-woven mosquito net fabrics, which had previously allowed for various forms of expression possible, by synthetic fibres, and a decline in materials and techniques generally. Around the same time, she also came across rustic old *yamagimon* cloth, made on the remote island of Tsushima. Centuries ago in the mid-Edo period there had been an explosive spread of cotton as a clothing material, but even after this, pre-cotton hand-made natural fabrics (hemp, paper cloth, wisteria cloth, various kinds of bark cloth, etc.), nurtured in the specific environments of the various regions, continued to be used in work clothes until the early Showa period of the 20th century. The *yamagimon* cloth was one such example. Shihoko took the *yamagimon* work kimonos to pieces, applied minimal dye work to them, and sewed them together into flat surfaces to reconstruct them into wall hangings. She says that indigo dyes surprisingly well on such cloth. Face to face with this old cloth and in physical contact with it, she has found herself questioning the purpose of the act of dyeing as she strives to bring out the inherent shape of each piece almost as if in collaboration with it. For the first time, work clothes made of natural fabrics are also exhibited here alongside this work.

Back in the 1980s Fukumoto Shihoko found herself fascinated by the lustre of fabric from cotton grown in Turfan, China and woven into satiny cloth in Japan's Tango area. Confronting the laws of nature, Shihoko sought out points that were like a light source, creating both small dots and large shining dots by a layered shibori technique. Recently, she has been working on a series called "*Ginga*" (Galaxy), collages of dots of various sizes on pieces of indigo-dyed cotton cloth known as *boro*, made from cast-off material left over from the weaving process that had been collected and made into cloth and used with care in daily life until around the early Showa period. Also on display in this exhibition is a work titled "*Hokuto*" (North Star), which depicts the starry sky over Aomori visible during the period of the exhibition. The blue of the indigo invites us to a place where the ingenuity of those of long ago and the creativity of Fukumoto Shihoko combine to transcend time and space.

、15. 北斗、16. 銀河－Ⅴ
13. *Galaxy-III* 14. *Galaxy-IV* 15. *Hokuto* 16. *Galaxy-V*

11. 銀河-II *Galaxy-II*

12. 銀河－Ⅰ *Galaxy-I*（2023）

13. 銀河－Ⅳ *Galaxy-IV*（2023）

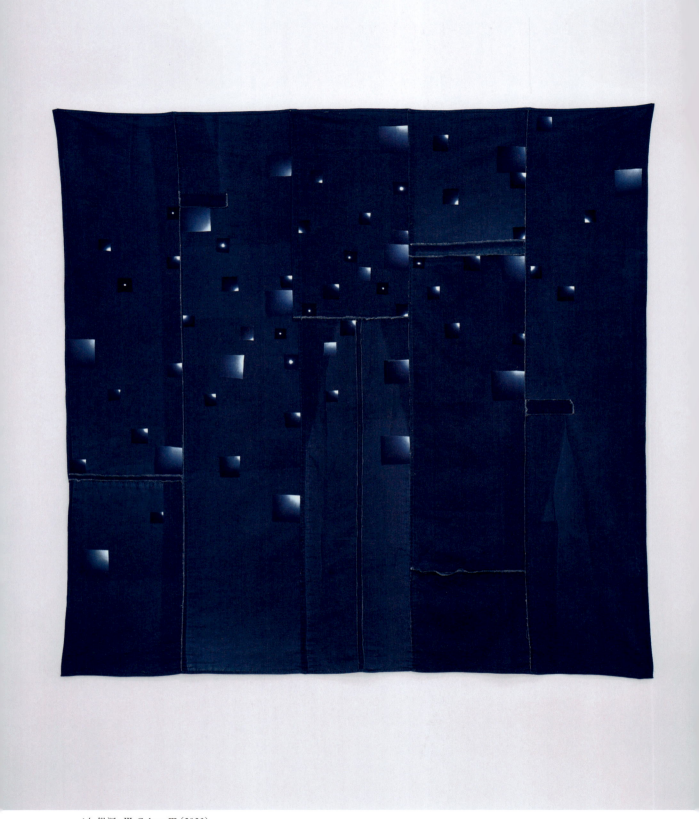

14. 銀河-Ⅲ *Galaxy-Ⅲ*（2023）

15. 北斗 *Hokuto*（2023）

16. 銀河－V *Galaxy-V*（2023）

17. 銀河-VI *Galaxy-VI*（2023）

福本繁樹――偶然にゆだねる無心の表現

学生時代まで油絵を学び、和装着物の作家として1989年までの23年間染色に従事した福本繁樹は、1976年から染色によるタブローの創作活動をはじめました。画面に付着する顔料ではなく、自ずと染みひろがる染料の動きや、立体的に交差する繊維が光を反射して生まれる色に魅せられ、染色でしかできない表現を追求するようになりました。蠟染め（生地に溶かした蠟を塗ることで、その部分が染まらないようにする模様染め技法）や引染め（染料を刷毛で引く技法）など、日本で特異に発展した伝統技法を土台としながらも、染料の躍動をとらえるための独自の試みの数々を福本繁樹は「なるほど染め」と呼びます。「なるほど」とは、「自然とともにあり、自然の呼吸に合はせ、自然の呼びかけに応じたもの」のことを指します。

一方「なるほど染め」により生まれた布を、福本繁樹は和紙で裏打ちして切り刻み、細片を隙間なく貼り合わせて「布象嵌」として再構成する作品も30年以上続けてきました。無心の作業で即興的に貼り合わせた布は、その色だけでなく布目の方向や、光の角度による輝きと翳りという変化をみせます。布でしかできない表現にこだわりながら、纏うという布の機能を無効化し、それゆえに染色のなす造形の本義を伝えようとしているかのようです。

新作《すっちゃんちゃがら》、《ちゃんちゃがら》の題名は、柳田國男が津軽地方で採集した瘤取りの昔話に関連する「化物と踊った話*」に由来します。化物を退治に行った若者は、彼らが歌い踊る囃子言葉に心踊らせて、おもわず仲間に加わり、無我の境地で共に踊ります。この若者は、福本繁樹の創作へのあり方のみならず、オセアニアの造形という他者に出会った時の姿とも重なり合うことでしょう。

* 柳田國男「戯作者の伝統」『笑の本願』（『柳田國男全集9』ちくま文庫、1990年 p.260）

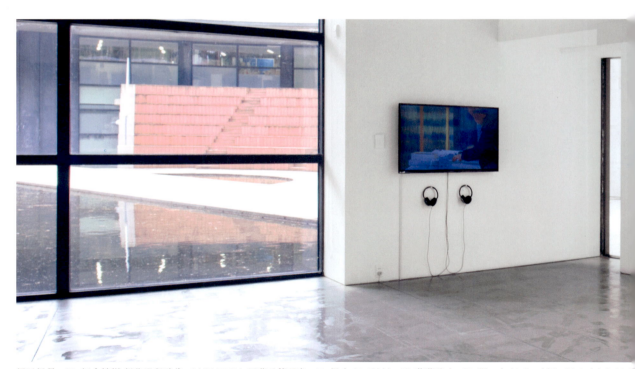

展示風景：23. 福本繁樹 制作過程映像、24/29/32/36. 百華千態万象、25. 風図（かざまと）、26. 落花流水、27. 通い図（かよいまと）、28-1. もどろ 28-2
Installation view: 23. Fukumoto Shigeki Production Process Video (2023), 24/29/32/36. *Hyakkasentaibansho*, 25. *Kazamado*, 26. *Rakkaryusui*, 28-1. *Mo*

FUKUMOTO Shigeki: Selfless expression left to chance

Fukumoto Shigeki studied Western painting as a student and worked for 23 years until 1989 as a dyer in the kimono industry, before creating his first dyed tableaux in 1976. Fascinated by the movement of the dye, which spreads itself rather than adhering to a surface, and by the colors produced by the reflection of light from the three-dimensionally intersecting fibres, he then began to pursue the kind of artistic expression that can only be achieved through dyeing. Basing his technique on Japan's unique traditional dyeing techniques such as *rōzome* (wax dyeing, a pattern dyeing technique in which melted wax is applied to the fabric to resist the dye) and *hikizome* (a technique in which the dye is applied with a brush), Fukumoto Shigeki has evolved a unique method that he terms '*naruhodo-zomé*', that attempts spontaneously to capture the movement of dye. He explains the term '*naruhodo*' as referring to 'existing with nature, matching nature's breath, and responding to nature's call'.

For more than 30 years, Fukumoto Shigeki has also been reconstituting the cloth produced by his '*naruhodo-zomé*' by a process of backing it with Japanese washi paper, cutting it into small pieces and pasting the small pieces seamlesssly together to create what he calls '*nuno-zogan*' (cloth inlay). This fabric, pasted together in an improvisational and undirected process, changes not only in color but also in the direction of the grain of the cloth, and in the way its shine comes and goes depending on the angle of the light. Through focusing on an expressivity that can only be achieved with fabric, the artist seems to be seeking to convey the true meaning of dyeing by denying the cloth's function as garment.

The titles of the new works, "*Sutchan Chagara*" and "*Chan Chagara*", derive from a story about dancing with monsters* which is related to an old tale about a man who could remove lumps, collected by Yanagita Kunio in the Tsugaru region of northern Japan. A young man who sets out to kill the monsters is so moved by their dance and the chorus that they sing that he spontaneously joins them and dances with them in a state of selflessness. This young man shares common ground not only with Fukumoto Shigeki's approach to creation, but also with the way he has encountered the Other in the form of Oceania's figurative art.

* Yanagita Kunio, '*Gesaku-sha no dentō*' [The tradition of the caricaturist], in Laughing Hongan (The Complete Works of Yanagita Kunio vol. 9, Chikuma Bunko, 1990), p. 260.

28-3. はだら、30/33/35. 森羅、31. 狭间 (さまど)、34. 慶雲
2. Hadare, 28-3. Hadara, 30/33/35. Shinra, 31. Samado, 34. Keiun

34. 慶雲 *Keiun*（2023）

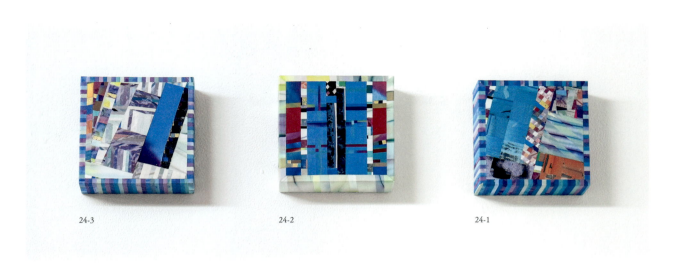

24-3. 百華千態万象 *Hyakkasentaibansho* 30/100、24-2. 2/100、24-1. 55/100 (2019)

28-3. はだら *Hadara,* 28-2. はだれ *Hadare,* 28-1. もどろ *Modoro*（2023）

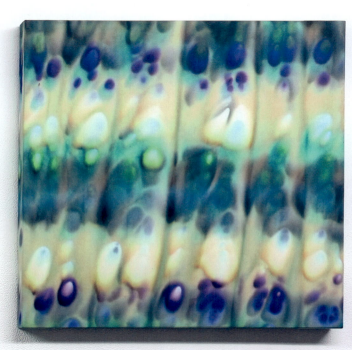

28-1

21. すっちゃんちゃがら *Sutchan Chagara* (2023)

22. ちゃんちゃがら *Chan Chagara* (2023)

Statement

「すっちゃんちゃがら」「ちゃんちゃがら」（パネル組作品一双、各230×416×9cm）は、ACACの広大な展示会場のために とりくんだ、久しぶりの大作である。私は、制作プロセスで素材のqualityがみせる偶然や必然のリアルに自然の呼吸をとらえ ようとイメージを追求してきた。今回はその成果から布象嵌（コラージュ）のクールで細密な幾何学的構成と、染みやむらの メロウでおうような表情を対置させた。

1940～50年代フランスのアンフォルメルの一潮流にタシスム Tachisme がある。タシスムは「染み、汚れ」を意味する「タッ シュ（tache 仏）」に由来、CoBrAや具体グループとも関係、アメリカ現代美術のドリッピング、ポーリング、ステイニングなどへと展 開した。それまで欧米の造形には「染み・にじみ・流れ・むら・ぼかし」はほとんどみられなかったので、「染み」に着目した 表現は斬新だった。逆に日本では染色はもちろん、絵画においても調墨、たらしこみ、筋目描き、ぼかしなど、「染み」を巧 みにコントロール、活用してきた。また「斑」には「はだら・はだれ・ふ・ぶち・まだら・むら・もどろ」など多くの訓読みがある。 どうも日本人は「染み」によってできる「むら」の表情のちがいに特別な関心を抱いてきたようだ。

素材や制作工程でみられる偶然や必然、自然からのイメージ構築は、あらゆる素材を熟知、道具を駆使できる熟練の 職人芸が得意とするものだ。「工芸」というより「造形表現の媒体」として考えると、染色にはじつにゆたかな可能性がある。 「発現する布」の展示は、油絵を大学まで10年間とりくんだ私が、美術家として布と染料にふかくかかわってきた理由を 再確認する機会となった。

福本繁樹

'*Sutchan Chagara*' and '*Chan Chagara*' (pair of panels, each 230×416×9cm) are large works made for the spacious ACAC exhibition area, my first such works for some time. In my work, through the process of creation I have sought for the breath of nature in the realities of the accidental and the inevitable revealed in the quality of the material. In this exhibition I have used the results of this approach to juxtapose the cool, finely detailed geometric composition of the *nunozōgan* (cloth inlay) collage technique, and the mellow and generous expressiveness of stains and unevenness.

The Art Informal movement known as Tachisme emerged in the 1940s and 1950s in France. The term derives from the French word *tache*, meaning stain or smudge. The movement was related to the CoBrA and Gutai groups, and evolved in America into what is termed dripping, pouring, staining etc. Up to that time, staining, blotting, seeping, blotching and clouding were almost never found in Western plastic arts, so expressiveness that focused on staining was striking. On the other hand, in Japan not only in dye art but in painting, "staining" techniques such as ink blotting, dribbling, *sujimegaki*, blurring and so forth were skillfully controlled and utilized. Furthermore, the single character 斑 can be read in numerous different ways in the Japanese language, all conveying shades of the meaning of dappling or speckling. It seems that Japanese people have long had a special interest in the different patterns of dappling created by stains.

Coincidence and inevitability in materials and production processes, and the construction of images from nature, are the pride of a craftsmanship that derives from a mastery of the skillful use of tools and a full understanding of all kinds of material. Dyeing offers a rich potential when we think of it not as a craft but rather as a medium of figurative expression. I spent ten years through university studying Western oil painting; now the "Textile Revelations" exhibition has given me an opportunity to reaffirm why I have since been so deeply engaged as an artist with cloth and dye.

FUKUMOTO Shigeki

京都に住む私には東北は遠い所でした。しかし自然布の古布を集め出してから東北へ何度か旅をしました。そして今回ACACでの展覧会の機会を得て青森を体験し、冬の終わりから早春にかけて日に日に芽吹く4月の青森の緑は、今までにない実感でした。作品を制作し続けている私にとって、展覧会の機会を得ることと制作することは偶然でありながら必然のように結びついていると感じます。

今回も展覧会前に訪ねた青森で、藍染のツギハギの古い布団布を2点見つけたのは幸運でした。それは青森の風土を感じさせるものでした。無地の藍染めをツギハギした布団布の作品シリーズは1年ほど前から手がけていたもので、前後して京都と東京の骨董店でも布団布を見つけ、この展覧会に合わせて6点の布団布のシリーズを制作しました。布団布には複雑な藍色の経年変化が見られます。日本人独特の性格のためでしょうか、どれも縦横の方向が乱れず丁寧にツギハギした布で、無意識にほころびたところを繕ったものでしょうが、それが自然で美しいのです。私が丹後で織ったトルファン綿に一点絞りで光のイメージを染めた布を、このような布団布にコラージュすると、経年変化の藍色と新しく染めた藍色とのコントラストによって色彩が鮮明に響き合い、驚くほど空間感をかもし出します。縞や柄物の布団布ではこうはなりません。経年変化でモヤモヤした色と、私が染めた透明感のあるグラデーションの色が「藍」で一つになって空間表現となる、これは発見だと思います。日本の風土が響き合っていると思えます。私はいい作品というのは作家が飛躍して生まれると思っています。独りよがりであっても作家が満足していれば十分です。

福本潮子

Living in Kyoto, the Tohoku region was always a distant place for me, but since I began collecting old natural fabrics I have made several trips there. Now, this opportunity to hold an ACAC exhibition in Aomori has given me a new experience of Aomori's April, with its shift from winter's end to early spring's daily swelling of green buds. I continue to create new works, and the chance coincidence of this exhibition with my own work seem connected in a way that feels somehow meant to be.

Visiting Aomori before the exhibition, it was my good fortune to come across two pieces of old *tsugihagi* patchwork indigo dyed futon cloth. They carried a strong sense of Aomori's natural world. About a year earlier I had begun work on a series of unpatterned indigo dye *tsugihagi* cloths, and around that time I also found futon cloth in antique shops in Kyoto and Tokyo and created the series of 6 pieces for the present exhibition. Futon cloth reveals complex indigo colour changes over time. Perhaps owing to the meticulous character of Japanese people, the cloth was sewn in precise verticals and horizontals, patching over the frayed areas to produce a no doubt unconscious natural beauty. Combining this futon cloth and Turfan cotton fabric woven on the Tango Peninsula, which I had dyed with a one-point shibori technique to create an image of points of light, I created collages in which the contrast between the aged and the freshly dyed indigos evokes a vivid color resonance between the two, creating an astonishing sense of space. This effect could not be achieved with striped or patterned futon cloth. My discovery lies in how the colors blurred by age combine with the transparent color gradations that I dyed to meet as a single "indigo", creating a spatial expression. It seems to resonate with the natural world of Japan itself. I believe that fine works of art are born when the artist takes a leap forward. It may simply be self-satisfaction, but it is enough if the artist herself is satisfied with the work.

FUKUMOTO Shihoko

布が発露する「根源的表現」　　　　　　　　　　　　　　　　　　　　　　　　　　　　　　　　慶野結香

　1970年代に南太平洋の国々から樹皮布・タパをはじめとする、膨大な布や装身具、そして土器などを持ち帰った日本人がいると、サモアに滞在するなかで耳にした。2017年から18年にかけ、そのコレクションの一部は「織物以前──タパとフェルト」展（LIXILギャラリー）として展観され、私は幸運にも実物を目にすることができた。その後知人を介して、京都は京北にある福本家別宅の屋根裏で、はじめて1000点あまりのコレクションを目にしたのだった。海外の博物館で、大がかりに巻き上げられた資料を見てきた目には、まるで布の本質をつくように丁寧に折りたたまれ、箱に入れられたコレクションは、非常にコンパクトかつ新鮮に映った。

　私はてっきり、福本繁樹は作家であると同時に、オセアニア各地のタパの「コレクター」だと思い込んでいた。しかし実際、個人コレクションの形成ははじめから意図されたものではないという。現地の調査を続けるため、企業や美術館などのコレクション収集の委託や、自費によって渡航するなかで、その時入手しなければ二度と同じものには巡り合えない、変化し続ける装身文化の造形物に対して、夢中で交渉を行ってしまう。その結果が、たまたま手元に残っているらしい。ゆえに福本のコレクションには、興味深い偏りが認められる。約300点を占めるタパは、パプアニューギニア、特にオロ州Maisinの人々によるものがほとんどである。また、とっておきのものとして見せられたのは、オセアニアにはないことが定説だった防染技法、棒締め染めで作られた、ヴァヌアツ共和国ペンテコスト島中部、Apma人の手によるパンダナス布、約150点だった。福本の言葉を借りるならば、それらは「プレスティージ（威信）」を尊ぶ社会が生み出した「野生のオブジェ」である。

　産業の限られたオセアニアの島嶼国では、現在これらの布は特別な冠婚葬祭の際、形式的に使用されるか、もしくは観光客向けの工芸品＝土産物となり、その大きさやデザインもいわゆるポピュラーなものやインテリアを意識したものに変質している。しかし1970-80年代には、オセアニア各国にグローバリゼーションの波は押し寄せながらも、未だ伝統社会が担保されていた。そして、自らのアイデンティティを示すための媒体として、生きることとダイレクトに結びついた布の数々が生み出されていたのだった。先人から受け継いだ製作技術を用いながらも、その時の合理性によって道具は工夫され、図柄は伝統を守りつつ洗練され、製作者が意図する／せざるに限らず、布はその土地に生きる誇りを発現するメディアとなっていた。

　福本繁樹のオセアニアの旅と調査、そして日本伝統の「染め」文化の研究および美術家としての創作活動は、直接的な影響関係を結ばずとも、両輪がかみ合わさるように福本の活動を発展させてきたように思われる。ただし今回、オセアニアの造形と組み合わせる形での二人展が実現したきっかけは、京都市立美術大学（現・京都市立芸術大学）探検部の一員だったこともあり、1971-80年にニューギニア（当時）へ3度同行した福本潮子が、藍を用いた自らの作品制作の原点として、かの地で出会った自然の営みや伝統の相貌から受けた感銘について、近年インタビュー等で積極的に発言していることを知ったことによる。

　1964年に海外旅行が自由化され、1960年代後半から70年代にかけては学術調査や未踏地の制覇を志向する冒険的旅行者の時代だった。旅は自己実現や自分探しのためではなく、ある目標への挑戦を意味していた。ニューギニアからの帰国後、それまで油絵を描いていた両氏は、西洋美術の手法を用いることに疑問を抱きながら、それぞれ異なるアプローチによって、今日まで独自の創作活動を続けている。

　福本繁樹は、家業である着物の蠟染めを大学教員になる1989年まで続けながら、1990年ごろまで定期的にオセアニア各地への渡航と調査を継続し、民族芸術の著作としてまとめ、世に問うてきた。『メラネシアの美術』（求龍堂）を上梓した1976年からは、日本の染色ならではの「ぼかし」や「染み」「ムラ」に、さらに偶然性を呼び込む作品を国内外で発表し続けている。布への禁じ手であった鋏を大胆に入れ、再構成する布象嵌など、布によるタブローを現象的に魅せる技法も、様々なヴァリエーションを生成させてきた。さらに1990年代からは、染色を基底として、言葉の分析などから日本の美学の深層にせまる独自の文化論を発表。近年では再びオセアニア地域へ足を向けるとともに、欧米の近現代美術、主にシュルレアリストによるコラージュやアンフォルメルのタシスムから翻って、自身の造形理論を再検討するなど、新たな試みを続けている。

　一方、福本潮子は、日本の伝統について学ぶなかで藍染に出会い、1970年代から国内外で精力的に作品発表を行ってきた。1980-90年代は殊に、ジャパン・ブルーと呼ばれる藍の透明性と精神性を伝えるような、タピスリーの規模を超えるイン

スタレーションを発表し、庶民的でもある藍染の芸術性を高めてきた。そして2000年代からは、天然素材の布が生産されなくなる現実や、失われゆく日本の手仕事による古布と出会ったことで、自然布の収集をはじめる。時にはそれらの貴重な布が湛える観念—作り手や使い手たちの気質による、「日本」という共同体感情—を引き出すかのような、藍染めによる布とのコラボレーションを手がけている。青森では、裂屋の片隅から大麻、紙布、木綿の継ぎ接ぎの布団地だった襤褸を見出し、その美しさに最小限の手を加えた。

　国際芸術センター青森は、縄文時代の集落跡に建っている。現代において布といえば織物ばかりだが、それ以前、縄文の昔から靱皮繊維による編布文化で人は装ってきた。近代まで機織が発達しなかったオセアニアでは、原始布であるタパ（靱皮繊維の不織布）やパンダナス布（編布）によって、経糸と緯糸の存在に縛られない自由で個性的なものづくりが可能であった。かような布でしかなしえない表現の可能性—布が発露するかのごとき、人類の根源的な表現—を、福本繁樹と福本潮子はともに創作の原点に置きつつ、あくまでも布そのものが現し出すものとして追求し続けるのだ。その冒険的挑戦は、これからも尽きることがないだろう。

（青森公立大学 国際芸術センター青森 主任学芸員）

The Primordial Expressivity Manifest in Fabric   KEINO Yuka

While I was in Samoa, I happened to hear that back in the 1970s a Japanese had brought back to Japan a vast collection of fabrics, including tapa (bark cloth), body ornaments, and earthenware, from various countries in the South Pacific. I was lucky enough to see a part of this collection displayed in the exhibition "Before Woven Textiles: Tapa and Felt" (LIXIL Gallery) in 2017-18. Later, through an acquaintance, I had the chance to see for the first time the entire collection of around 1,000 pieces in the attic of the Fukumoto's country villa in Keihoku, Kyoto. Having previously seen great rolls of material held in overseas museums, the careful folding and boxing of this collection struck me as very compact and refreshing, a gesture to the very essence of the fabric.

I assumed that Fukumoto Shigeki was not only an artist but a professional collector of tapas from Oceania. However, he says that in fact the formation of this personal collection was never a conscious intention. In order to continue his own research in the region, over the years he has travelled there on behalf of companies and museums to collect for them as well as making trips at his own expense, energetically negotiating for objects from that ever-evolving ornament culture that one could never find again. And apparently he has managed to hold onto some of the results for his own collection. For this reason, there is a fascinating bias in Fukumoto's collection. Most of the tapa, around 300 items, are from Papua New Guinea, particularly from the Maisin people of Oro Province. I was also shown something very special — about 150 pieces of pandanus cloth made by the Apma people of Pentecost Island, central Vanuatu, using a stick-fastening dyeing technique generally believed not to exist in Oceania. In Fukumoto's words, these are so-called "wild objects", created by a society that values prestige.

The island countries of the Oceania region have only limited modern industry, and these fabrics are now routinely used on formal occasions such as weddings and funerals or have become souvenirs for tourists, with both size and design transformed to turn them into so-called "popular" or interior design-oriented items. In the 1970s and 1980s, however, although a wave of globalization was engulfing the region, traditional society was still securely in place, and numerous fabrics directly connected to everyday life were being produced as a means through which to express identity. People still used production techniques inherited from their predecessors, but tools were rationalized in line with the times, designs were refined while still preserving tradition, and intentionally or unintentionally, fabric became a medium for expressing the maker's pride in the land they lived in.

While Fukumoto Shigeki's travel and research in Oceania and his own research may not have had any direct influence on his study of Japan's traditional Japanese dye culture and his creative work as an artist, it seems to me that these are two interlocking circles in the development of his activities. However, the impetus behind this two-person exhibition held in combination with a display of Oceania's Creations in fact came from Fukumoto Shihoko, who as a member of the Exploration Department of Kyoto City University of Arts travelled to what was then called New Guinea three times between 1971 to 1980. In recent years, she has made a point of commenting in interviews etc. on the powerful impressions she received at that time from the workings of the natural world and the manifestations of tradition that she encountered there, stating that this was the starting point for her indigo-based works.

The liberalization of overseas travel in 1964 prompted an era in the later 1960s and 1970s of adventurous travellers who were interested in academic research and conquering unexplored destinations. This travel was not about self-actualization or self-discovery, but rather a challenge to attain a particular goal. After their return from New Guinea, both these artists, who had until then painted in oils, questioned the use of Western art's techniques, and through their different approaches they have continued to create their own original works of art to this day.

Fukumoto Shigeki continued his family business of wax-dyeing kimonos until 1989, when he joined a university faculty, and up until around 1990 he continued to travel regularly to various parts of Oceania and conduct research, drawing this work together to write and publish on folk art. Since his 1976 publication *Melanesian Art* (Kyuryudo), he has continued to show works in Japan and abroad that further call into play the spontaneous effects of blurring, staining, and unevenness that are peculiar to Japanese dyeing. He has also created a number of variations and techniques such as "*nuno zogan*," a technique in which the artist daringly applies scissors, whose use is traditionally forbidden, to cut and reconstruct fresh works, producing visually compelling fabric tableaux. Since the 1990s, he has also presented his own unique cultural theory, which takes dyeing as a basis from which to approach the deeper layers of Japanese aesthetics through such methods as linguistic analysis. In recent years, Shigeki has not only returned to Oceania but has also extended his work by a reexamination of his theory of arts, drawing on modern and contemporary art in Europe and the United States, particularly Surrealist collage and the Tachisme of the Art Informel movement.

Fukumoto Shihoko first encountered indigo dyeing in the course of her study of Japanese tradition, and she has vigorously continued to exhibit her works both nationally and internationally since the 1970s. In the 1980s and 1990s, she presented larger than tapestry-scale installations that conveyed the transparency and spirituality of indigo, termed "Japan Blue," enhancing the artistry of the common folk culture of indigo dyeing. Then, from the turn of the century, faced with the reality that natural fabrics are no longer being produced, Shihoko encountered old handmade Japanese fabrics that are rapidly disappearing, and began collecting these natural fabrics. She sometimes tries her hand at indigo dyeing in a kind of collaboration with these precious old fabrics, attempting to draw out the rich communal sense of "Japan" instilled there by the temperaments of those who made and used them. In a corner of an antique cloth store in Aomori, Shihoko discovered rags (*boro*) that had been part of a patchwork futon fabric of linen, paper cloth and cotton, and worked with it by adding minimal touches to its natural beauty.

The Aomori Contemporary Art Centre stands on the site of an old Jomon-era village. These days, all fabric is woven, but long ago from the Jomon period onwards, people dressed in cloth made of ligneous fibers woven in what is known as the *angin* style. In Oceania, where weaving did not evolve until modern times, primitive fabrics such as tapa (non-woven fabric made of ligneous fibers) and pandanus fabric (which is woven) made possible the creation of unique and individualized items that did not rely on the existence of warp and weft threads. The creative work of both Fukumoto Shigeki and Shihoko is founded in the unique expressive potential of fabric such as this — a fundamentally human expressivity that seems to be manifested by the fabric itself—and these two artists continue to pursue an expressivity that can only emerge from the fabric itself. Doubtless they will continue this adventurous challenge undiminished in the future.

Chief Curator, Aomori Contemporary Art Centre, Aomori Public University

関連イベント　Related Events

2023年4月15日(土)
福本繁樹と福本潮子によるトーク
抄録 pp.38-39
展示風景(写真など)を見ながら本展の解説を行います。また1969年から90年にかけて、加えて近年の再訪によって体験した、パプアニューギニアを中心としたオセアニア地域における芸術の位相や、造形文化の変遷について、スライド資料を交えながら両氏にお話を伺います。

2023年4月16日(日)
あおもり藍工房見学ツアー
青森では、江戸時代に北前船によって徳島の藍がもたらされるようになり、藍染めが行われるようになりました。しかし明治に入ると藍産業は一度衰退。現在、休耕田を活用して無農薬で再び藍を育てる取り組みが行われています。今回は2004年に設立された「あおもり藍工房」(道の駅なみおか内)を見学(所要時間1時間程度)し、「すくも」とは異なる寒冷地ならではの独自の染織技法を学びます。

2023年5月13日(土)
対談｜福本潮子×佐治ゆかり
抄録 pp.40-41
「ハギレの日本文化誌：時空をつなぐ布の力」(福島県立美術館、2006年美術館連絡協議会「自主展部門優秀論文賞」受賞)をはじめ、これまで数々の重要な日本における布についての展覧会を手がけてきた佐治ゆかり氏を迎え、近年の古布や自然布を用いた福本潮子氏の実践についてや、布の魅力について対談を行います。

2023年5月14日(日)
福本繁樹ワークショップ「表装技法による布象嵌」
本展出品作にも用いられている、福本繁樹氏が1992年から取り組む「布象嵌」の技法。布を和紙で裏打ちしてから切り刻み、それぞれの細片を再構成するこの技法は、思わぬ効果を生み出します。今回は、各自が持参した布の端切れを使って、20cm角の装飾パネル作品をつくり、持ち帰ります。

2023年6月17日(土)
対談｜福本繁樹×河本真理
抄録 pp.42-43
20世紀美術の大きな潮流となり、現在では当たり前のように多用される「コラージュ」。切断と総合の間を揺れ動く造形技法としてだけでなく、そこに現代に通じる認識のパラダイムの転換を問う美術史家の河本真理氏を迎え、コラージュを用いて作品制作を行い、シュルレアリスムとオセアニアの造形にも関心を向ける福本繁樹氏と対談を行います。

2023年4月29日(土・祝)、5月7日(日)、6月4日(日)
キュレーターツアー
本展の担当学芸員(慶野結香)が、オセアニア諸地域の伝統的な布文化の現況や現代美術との交わりも踏まえて、この展覧会の見どころや作品の魅力についてご案内します。一緒にギャラリーをめぐりながら、展覧会を鑑賞しましょう。

5・6月の土日祝日限定！「布象嵌体験：自由にしおりを作ろう」
会期中、5・6月のイベントのない土日祝日(＋ゴールデンウィーク期間)限定で、福本繁樹氏が用いる「布象嵌」の技法を手軽に体験できます。説明をよく読みながら、既に和紙で裏打ちされた端切れを貼り合わせて、オリジナルのしおりを作ってみましょう。

福本繁樹と福本潮子によるトーク　抄録

福本繁樹｜二人が共にニューギニアに行ったのは3回でしたが、私自身は南太平洋に十数回でかけました。最初は京都市立美術大学（当時）で6人のメンバーを組織して、70日間行きました。初めてのニューギニアで、その後探検にのめり込むきっかけになりました。そのときは経験が浅かったので、ボートやらバイク、テント、炊事道具など、大荷物で行きました。23歳の時です。

日本では当時、仮面や彫刻は紹介されていたのですが、絵画はあまり紹介されていなかった。粗末なヘギ板に、短時間で描けるようなナイーブな絵で、マーケットで扱われる対称とはされなかった。私は当時ミロやクレーが好きだったのですが、ニューギニアには彼らの作品とそっくりなものが豊富にありました。ある巨大な精霊堂には、こういった絵画が天井に5000枚ほど貼ってあり、すごかった。それが私にとって決定的なカルチャーショックになりました。現地では、村があると中央広場があって、そこに壮大な精霊堂があります。そこに色々な美術品、つまり楽器、武具、仮面、祖先像、秘密の祭具などが置いてあって、秘密結社の拠点になっている。女、子どもは近寄ってはいけない場所ですね。村の威勢を示すために、いかに立派な精霊堂を建てようかと、村人が協力しあって壮大な精霊堂を築いていました。

2回目の探検では、海を行こうということになり、飛行機以外に色々な船やカヌーに乗ったりして、ラバウル、ソロモン諸島、ニューヘブリデス諸島（現・バヌアツ共和国）の広い地域を、5ヶ月ぐらいかけて巡りました。ある土器島には1ヶ月住み込みで滞在しました。その後の3回目は、大阪造船の二代目社長の南景樹さんという焼き物が好きなコレクターがいた。会社内に美術館を作るので、特にユニークなコレクションとして、若い者で土器を集めてこいということで、3人で行くことになりました。探検に必要なものがあったら、なんでも言ってみろというので、キャビンクルーザーが欲しいと言いました。当時、世界中から商人やキリスト教の宣教師、行政官などがニューギニア奥地へ入りこんで、競争して美術品を集めていた。あっという間に総ざらいするような勢いで美術品がなくなってゆく状況でした。そこで勝負するには、キャビンクルーザーだろうと。高価なものでしたが用意してくれることになりました。別府まで行ってエンジンの整備と航海の講習を受けましたが、船の輸送手続きも大変で、気候が安定した夏に行く計画だったのですが、夏も終わりかけの頃に、やっと出発できました。キャビンクルーザーは貨物船で予定通り輸送でき、3ヶ月半乗り回すことができました。さすがクルーザーは威力的で、丸木舟で2日がかりのところが3時間ぐらいで行けました。現地では丸木船に40馬力ぐらいの船外機をつけてのんびり行くくらいしかできない状況でした。しかし、若気の至りというか、無理をして、最後には転覆、遭難してしまいます。

ニューギニアのセピックは、河幅1キロ以上、全長約1200キロで、大平原を流れる大河です。一帯は河川と水路が網目状に広がっている。現地の交通機関は、車がなくカヌーしかない。この一帯が民族美術の宝庫でした。ほとんどの村ではめぼしい美術品はすでになかったのですが、奥地の2つの村だけ美術商には手付かずで、タイムスリップしたかつての村の様子のように造形物すべてが素晴らしい。木彫はもちろん、ちょっとしたヤシ殻製の器、食器、弓矢や武具であれ、念の入った確かな細工がしてあって素晴らしい。その村へは、水路を上流へと行くのですが、現地に詳しい白人に聞くと、一帯、浮き島だらけで、風が吹いたらその島が複雑に動いて、迷路のような水路が塞がって帰れなくなってしまうから行ってはだめだという。しかしキャビンクルーザーなら大丈夫だろうと行くことにする。行ってみると、水路が島につきあたり、行き止まりになる。どうしようかと島に飛び降りたら、島がじわっと沈む。浮き島だと気付き、クルーザーを島の上に引っ張り上げ、島を乗り越えて進みました。地平線しか見えない広大な湿原の奥にある別天地にたどりついたのです。

福本潮子｜当時、アメリカや日本軍のいわゆる戦跡があちこちに残っていました。

福本繁樹｜東半分がパプアニューギニアで、第二次世界大戦当時は15万人ほど日本人が行っています。大東亜共栄圏として占領するつもりで、現地に学校を作って、日本語も教えたりしています。そのうち日本へ帰れたのが1万人ぐらいです。悲惨な戦況で、戦わずして餓死や病死で亡くなった兵隊さんがほとんどでした。

福本潮子｜奥地へ行くと、軍票（軍用手票）の厚い束を交換してくれと持ってくる。軍票は軍の中でしか通用しないお金ですが、戦後になって通用しなくなっています。私は交換できない理由を説明できなくて困りながらも、タオルだとか、申し訳にしかならないものを贈りました。

船はいつも村近くの水辺に乗り付けるのですが、船内で生活もしないといけない。泥水の川が生活水なので、食器を洗ったり、洗濯したり、体を洗ったりしました。現地の人たちが好奇心でずっと岸から見ているのですが、そのうち私も開き直ってしまい、水着のまま石鹸で全身を洗って、川へ飛び込む。現地では、私は外国人だからということで、男性しか入れない神聖な場所へも入れてもらえました。

福本繁樹｜2ヶ所だけ別天地のような村が残っていたといいましたが、そのうちの一つが、ボスマンという村です。ここへ行けたのは、雨季が始まって、水位が上がってきて、細い水路を行けるようになったからです。出発が遅れて悪天候になったのが幸いしたのです。しかし怖いのは川に沈んでいる倒木です。泥水なので川底が見えなく、スクリューが倒木にぶつかって、ゴーンと音がして、ひん曲がってしまって動かなくなる。予備のスクリューに差し替え、恐る恐る行きました。

福本潮子｜スクリューを壊してしまったこともあって、日本から部品を送ってもらうのを待っていた時もあります。色々と収集した物を大きな箱にぎっしり詰めて、日本へ送りました。白人の業者に梱包と輸送を依頼したのですが、3つの箱のうち、もっともいい美術品の箱だけ日本まで来なかった。おそらくその業者がくすねたのですが、後から文句も言えない状態でした。

福本繁樹｜この時は1200点ぐらい集めたのですが、行く前は高度経済成長の絶頂期1971年で、日本へ帰ったら1972年のニクソンショックがあって造船業も大打撃を受けました。それで美術館建設の話が流れまして、持って帰ったものは、色々と相談して、三百数十点の優品をオープン前の国立民族学博物館に入れてもらうことになり、館長の梅棹忠夫先生が大喜びで、オープン前なのに民間から既にこんな大きな寄付があったということをあちこちで吹聴していたと聞きました。

福本潮子｜私は計3回、この後1980年までにトロブリアンド諸島（ニューギニア島）だとか、あと2回行きました。私はこの探検から日本へ帰ってきて、私自身が日本の中だけでものを考えてきたということを痛感しました。初めて外から自分自身を見つめる機会だったわけです。ニューギニアの人たちの創作物を見てから考えると、私自身が勉強してきた美術は、西洋美術中心だったということに気づきました。西洋の道具を使って絵を描いている自分に、ものすごく矛盾を感じたんです。ニューギニアの人たちは、彼らにしか作れないようなものを作っている。京都の伝統の中で暮らしている私自身も日本人にしか作れない現代のアートを目指そうと思ったのです。

2023年4月15日（土）
編集：慶野結香

対談　福本潮子×佐治ゆかり　抄録

福本｜ある時、私が今まで作品に使ってきた天然繊維の布が、全部、製造中止になったのです。蚊帳地も経糸がポリエステルになってしまいました。布に引いてある糊も、全て化学糊になってコーティングされてしまい、綺麗に染まらない。そんな折に骨董屋を覗いたら、対馬麻に出会った。自給自足の中で丁寧に作られた布だったので、集めはじめました。その後、ふとしたきっかけで作品になりだしました。

佐治先生は、ちょうど私が古布を集め始めた頃に、福島県立美術館で「ハギレの日本文化誌：時空をつなぐ布の力」（2006年）という展覧会を開催されていまして、私は先生の講演なさる日を狙って行って、その時に初めてお会いしました。その時の展示品たるや、すごかった。本当に、日本の隅々まで見て回って集めたようなつぎはぎの着物だとか、端切れと言われるものを大切に継ぎ合わせて一つのものにしている日本人気質がしっかり残っているような布ばかりを展示されていまして、それから色々なことを教えられるようになったと思います。

佐治｜私は30年以上美術館の学芸員として仕事をしてきて、なかでも染織という分野に、すごく関心がありました。最初に自分の企画として実現したのが、「現代の染織　素材と技の美」（1993年、福島県立美術館）という展覧会で、同時代の伝統的な枠の中で仕事をしている人に、この時は焦点を絞りました。その後10年ぐらいの間に、現代的なファイバーアートも含めて、制作者の方たちが布そのものに注意を向けることが、非常に傾向として感じられるようになりました。布そのものの人との距離と言うのでしょうか、そういったものについて、きちんと見ていきたいという思いがあって、「ハギレの日本文化誌」では、年代的には平安時代ぐらい、最澄が唐から持って帰った袈裟の断片から、現代の小さな裂を集めて制作をしているという人まで含めて、展覧会で見せました。

福本潮子さんの作品は、1990年頃に《天空》を実際に拝見していて、エネルギーとその大きさに圧倒された記憶が濃厚にあります。ただ、自分が布に対して思っているアプローチと全く違うダイナミックな仕事、ある種の強引さも感じて、染織というより現代美術の作家というイメージがありました。その距離感が狭まったと感じたのは、対馬麻の作品を見た時です。最初に感じた強引さのようなものが、ふっと消化されたような感じがしました。ご自身の表現と、古布の持つ力がいかにコラボレーションするかが心待ちにされる作家だと、2010年頃に見え方が変わりました。それ以降の作品も見ていくと、非常に布の力というものを深く理解されている。そういったスタンスで仕事をしている方が、他にはいらっしゃらないような気がしています。

福本｜布ってものすごく難しいというか、歴史的にも素材的にも奥深いですよね。人間の生活風土、あらゆるものを含めた結果として、見える形で残っている。私は洋画専攻出身なので、途中まで布を自分の表現の「素材」として使っていました。しかし実際、世の中の布のほとんどが機械化し、あるいは化学化し、色々なものが変わってくる中で、取り残されたように残っている日本の自給自足の時代の布に、まだ今だからこそ出会えている。もう次の時代にはなくなってしまうものが意外とまわりにあることに気がつきました。学生の頃は、民藝らしいものは肌に合わないと思ったから近づかなかったし、そういう感覚のものは作らなかった。それがふと、対馬麻に出会って古布を見るようになってから民藝の見方すら変わった。過去を見るときに、民藝は大きな壁のように立ちはだかる存在だと思っていたけれど、いつの間にか、その壁は横に退いていて、昔の布、正倉院の布から戦前のものまでが、自分との連続性を感じられる興味あるものになっていた。佐治さんが展示されたものには、そういった意味で、興味のあるものがいっぱいありました。私は日本人らしい作品というものを一つの理想として制作していますけれども、その根本的な要素を含んでいるもの、教えられるものが展示されているものの中にありました。

佐治ゆかり SAJI Yukari
1959年愛媛県生まれ、日本美術史、秋田公立美術大学教授。東北大学文学部東洋日本美術史学科卒業後、福島県立美術館学芸員（1983-2012年）。2006年東京大学大学院人文社会系研究科文化資源学研究専攻修了。博士（文学）。郡山市立美術館長（2012-20年）を経て、2021年より現職。主な著書に『近世庄内における芸能興行の研究：鶴岡・酒田・黒森』（せりか書房、2013年、民俗芸能学会「本田安次賞」受賞）など。

だいたい、博物館や美術館で見られるものは皆、支配階級の染織です。この前、私は浴衣の展覧会（「ゆかたと藍の世界」高松市美術館、2021年）をしましたが、本当に庶民のものを観られる展覧会は滅多にない。庶民が着ていたいいものは、見れば見るほど味があるのですよ。　素晴らしいというより、味がある。生活を感じるし、人間性を感じるし、日本人の気質、例えば几帳面なところが感じられる。

佐治｜福本さんが古い布に出会ったというのは、布が形として残っているからですが、はっきり言って、ボロとかハギレって日本人が見向きもしない時代がすごく長くあった。京都や東京の骨董屋さんで、そういったものを扱うお店がいくつかあるのですが、2000年代ぐらいから一気に外国に流出し始めた。日本の人たち、一部の民俗学の研究者たちが実際のボロや布団などは集めていたことはありますが、本当のボロというのは民藝館にもほとんどない。結局そこにも差別化があったのだなというのが、民藝館のコレクションを見ていると、逆説的に感じられます。だから、庶民が使ったものが、味があるとか美しいとかというのは、民藝がある程度淘汰して、次の世代が初めて気づいていくものだという感じもします。

福本さんのボロの作品を見ていると、実際染めというのは、自分の表現を支える支持体がないとできない。もととなる支持体が可能性でもあり限界でもあり、規制でもあった。それを、今までほとんど見出だされてこなかった日本の布の中に、美しい人の時間や体験とか、そういったものが積み重なっているのだなというのが、福本さんによる一瞬の絞りやきらめきが加わるだけでこんなに浮き上がってくるという、新しい可能性を提示しているのではないかなと、最近すごく思います。

福本｜本当にね、こんなに古いものが多く残っている国はないって外国の人に言われるのですよ。日本には、見直さないといけない文化が結構あります。特にこの東北には、埋もれているものもたくさんあると思うのです。私は関西の人間で、関西は草の文化だと思っている。東北の方は木の文化、山の文化ですよね。木の靭皮繊維から作った布も色々あります。それが今、絶えかかっています。そういうものが、今後どうやって残っていけるだろうか。私は今生きている作家だから、それを作品にして、若い人たちが見ることで何か感じてもらえないかと考える。だからできるだけ（既存の布を）引き立てるように最小限に染めようと思うようになってきた。その布の風土とか、その布が持っていた労働の跡とかが分かるような作品を作りたい。そして布の後ろにある日本の風土みたいなものを感じるような作品になればベストだと思っています

2023年5月13日（土）
編集：慶野結香

対談 福本繁樹×河本真理 抄録

福本｜河本さんを初めて知ったのは、日本経済新聞の連載で、近代美術のご専門なのに染織について書いておられたからです。以前から、絵画史を研究する人が染織のことを考えてくれないことが不満でした。絵画の「絵」には、糸へんが付いているように、染織は絵画の大先輩と言っていいと思うのですが。

河本｜私はコラージュを専門にしているので、日経新聞の2018年の連載「美の十選」（全10回）では、「コラージュの挑発」と題してコラージュばかり10点選び、その中で着物のコラージュである金銀襴緞子等縫合胴服（16～17世紀、重要文化財、上杉神社蔵）も取り上げました。

福本｜今回は久しぶりに大作《すっちゃんちゃがら ちゃんちゃがら》を作りました。意識したこととして、一つはぼかしです。日本にはありますが、欧米にはほとんどない。ぼかしをやるにはスプレーガンか、ドット表現しかない。しかし日本には各種の刷毛があって簡単にぼかしができる。あとは、ムラ、マダラという言葉のバリエーションが発達している。日本人の美学を感じます。もう一つはトリミングです。僕の裏技で、紙を用意して布の一部を探して切り出すのです。何も考えずに探すと、面白い構成が見つかる。インプロビゼーション、即興で色々やって、そこから発見があって、それを切り取って構成するというやり方をしています。絵画としてトリミングが面白いと思うのです。今まではコラージュとムラの二種類を別の作品としてやっていましたが、今回初めてハイブリッドとして、同一画面に並べる試みを行いました。

僕は日本の美学の世界からたどり着いてきたけれど、ヨーロッパの人も同じようなことをしているのではないかと思います。河本さんの『切断の時代：20世紀におけるコラージュの美学と歴史』（ブリュッケ、2007年）という素晴らしい本があるのですが、アルプをはじめとする20世紀美術、芸術創造に偶然を導入し、芸術家の手による完璧な技法やコントロール、それに結びついている個性の価値を部分的にせよ否定する、ルネサンス以降の絵画姿勢を問い直そうとする動きが見られ、これはハサミから始まっている。ピカソも同じようなことをしていたことにびっくりしました。一方で、タシスム、ステイニングは、琳派のたらし込みや墨絵のムラというものとつながっている。

それで、例えば僕の作品は染色タブローとは言えるのですが、どういったカテゴリーに属するか、なかなか難しい。ある意味では絵画。でもペインティングではない。素材、技法があるから工芸だという人もあるけど、僕の作品は何も使えず機能性はない。そして技術に関しても、二種類の志向がある。職人芸は偶然を排除する。しかし僕は、偶然を意識的に利用し、偶然から発見しようとする。

河本｜コラージュを長い間研究してきましたが、福本さんのように、コラージュとタシスムを一緒に考えていくのは興味深いです。拙著『切断の時代』では、切断とコラージュを結びつけて論じましたが、コラージュには「破る」という行為もあり、アルプのパピエ・デシレでは、破れ目は、コントロールされた切断よりも（タシスムの染みやまだらのように）偶然に左右され、不規則であるがゆえに、より表現力に富んでいます。アルプ自身も、「私たちが紙を破る際、「偶然」が指を導く」と述べています。したがって、ここでは偶然は、破って破壊するというプロセスと、そうしてできた破片を撒き散らすなどして再構成するという創造的なプロセスの双方に関わっているのです。このように、アルプのパピエ・デシレは、ある意味、コラージュとタシスムの中間といいますか、偶然が作用するタシスム寄りのコラージュの例として挙げられるように思いました。

河本真理 KOMOTO Mari
1968年東京都生まれ、美術史家、日本女子大学教授。パリ第1大学博士号（美術史）取得。専門は西洋近現代美術史。主な著書に『切断の時代―20世紀におけるコラージュの美学と歴史』（ブリュッケ、2007年、サントリー学芸賞、渋沢・クローデル賞特別賞受賞）、『葛藤する形態―第一次世界大戦と美術』（人文書院、2011年）、『ピカソのセラミック―モダンに触れる』（展覧会カタログ、ヨックモックミュージアム、2022年）ほか多数。

また、コラージュの先駆の一つとして、日本の『西本願寺本三十六人家集』(12世紀、重要文化財、京都・西本願寺蔵)が挙げられます。これは、ヘルタ・ヴェシャーの『コラージュ』(ドイツ語版：1968年、英語版：1971年)という浩瀚な著作にも掲載されており、世界的に知られている例です。『西本願寺本三十六人家集』は、各種の染紙や唐紙といった料紙を貼り合わせ、その上に当代屈指の能書たちが揮毫(きごう)したものです。ある時は破継(やぶりつぎ)の手法を用いて、形象(岸や雲の輪郭線)を想起させるように波打つように貼り合わせる一方、ある時は切継(きりつぎ)を用いて、抽象的に切り取るような対角線を構成することによって、隠された空間性を暗示すると同時に否定しています。福本さんが提示された、コラージュとタシスムを橋渡しするような役割として、とりわけ「破る」「破継」という行為が考えられそうです。なお、西洋ではコラージュというところを、日本では「継」というのも興味深い点です。

ここでは、偶然が作用する「破る」という行為に着目したわけですが、アルプのいう「偶然の法則」について改めて確認しておきたいと思います。ある日、アルプは長いことアトリエで、1つのデッサンに取りかかっていたのですが、どうもうまくいかないことに苛立って、紙を引き裂き、その紙片を床に撒き散らしました。しばらくして、彼の眼が偶然もう一度、床に散らばる紙片の上に落ちたとき、それらの配置が彼を驚かせました。それらは今まで何時間も、彼が求めて得られなかった表現を備えていたのです。そこでアルプは、紙片を「偶然」によって定められた秩序——すなわち「偶然の法則」——に従って貼り込んだというのですが、残された作品を見る限り、紙片は実にバランスよく配置されていて、全てが偶然に委ねられたとは到底思えません。アルプ自身、後年になって、偶然に依拠したのは想像力を刺激するためであり、その際偶然は出発点としてのみ機能したのであって、その後意識的に配置の調整を行ったと述べています。芸術家のコントロールを緩めることはできるけれども、芸術家の意図や意識を完全に取り除くことができないのは自明の問題で、結局、「偶然の法則」は、「理論的虚構」なのです。偶然を意識的に用いるのは、本来は矛盾した行為ですが、20世紀では、そのようなある種逆説的な戦略が取られました。

1980年代から、絵具を塗り重ねた幾つもの層を上からスクイージーで擦り落とす手法を用いて、抽象絵画を制作しているゲルハルト・リヒターの事例も、偶然の戦略を考察する上で興味深いものです。リヒターは、スクイージーを用いた制作について、「全てではないが、幾分コントロールを失う。それは、角度、圧力、そして私が使用している特殊な絵具による」と述べ、偶然とコントロールの問題に言及しています。リヒターは、社会的企図を生み出すような計画を否定し、むしろ生き残るための戦略として、偶然を導入します。リヒターが、「生とは、「語られたもの」ではなく、「語る」ことであり、「絵画」ではなく「造形する行為」である」というように、結果よりも行為や生成のプロセスを重視しているのは、福本さんがおっしゃることにも通じると思います。

2023年6月17日(土)
編集：慶野結香

作品リスト

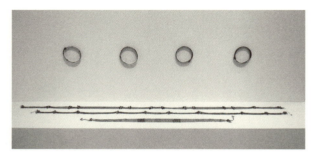

1. 戦士の籐製ベルト(紐衣) *fo'osae* 4点 (1982年収集)
   Warrior's rattan belt (string garment)
   幅4.2～4.5cm、径27～30cm、ソロモン諸島マライタ島'Oloburi地区 Kwoio人 'Oloburi, Malaita island, Solomon islands
   繊維は赤*taka*(ココヤシの繊維を茜*geru*で炊き染めしたもの)、白*dada'ala*、黒*ongoongo*、黄*'adi*(蘭の蔓)がステッチされている。Akin氏より福本繁樹が購入(大英博物館と同様のコレクション)。

2. 貝貨 3点 (*tafuri'ae* 2点、*bata* 1点) (1973、1990年収集)
   Shell money
   ソロモン諸島マライタ島 Malaita island, Solomon islands
   貝貨*tafuri'ae*、全長400cm、貝のビーズ約26200、イルカ歯350、堅果皮110、マライタ島西北部にて1990年収集
   貝貨*tafuri'ae*、全長440cm、貝約25210、イルカ歯204、堅果皮124を構成、マライタ島西北部にて1990年収集
   貝貨*bata*(南マライタ島)もしくは、貝貨*tafuri'ae*(西マライタ島語)、全長202cm、10本が婚資(当時1本220ドル)、結婚にはブライドプライス以外に親族へのふるまいが要る。マライタ島のLaulasi村にて1973年収集

3. 樹皮布タパ *evovi* 139点 (1971、1978、1980、2020年収集)
   Tapa, bark cloth
   パプアニューギニア オロ州 Maisin人、Oro province, Papua New Guinea

4. 棒締め染めパンダナス布 *sese* 30点 (1982、1990年収集)
   Pole-wrap-with-stencil dyeing pandanus cloth
   約90×400cm、ヴァヌアツ ペンテコスト(ラガ)島中部Apma人 Pentecost (Raga) island, Vanuatu

5. 棒締め染めパンダナス布 *tsip* 63点(1973、1982、1990年収集)
   Pole-wrap-with-stencil dyeing pandanus cloth
   平均40×130cm、ヴァヌアツ ペンテコスト(ラガ)島中部 Apma人、Pentecost (Raga) island, Vanuatu

6. 対馬-XII *Tsushima-XII* (2014)
   223×93cm、対馬麻 (大麻、木綿)｜藍染、ぼかし染

7. 東北-I *Tōhoku-I* (2011)
   208×82cm、反故紙、藤糸｜藍染、ぼかし染

8. 蝦夷 *Ezo* (2023)
   213×67cm、オヒョウ｜藍染、ぼかし染

9. 丹後の宮津 上世屋-II *Tango no Miyazu, Kamiseya-II* (2019)
   180×64cm、藤布｜藍染、ぼかし染

10. 繧繝 *Ungen* (2020)
    168×64cm、オクソザックリ (大麻)｜藍染、ぼかし染

6'. 山ぎもん 対馬麻 Workwear made from Tsushima-hemp
    120×122cm、大麻、木綿
    長崎県の対馬で自生した大麻の繊維を用いて、手作業で織ったもの。現在ではつくられていない。

7'. 大つづれ *Ōtsuzure*
    113×120cm、反故紙、藤糸
    墨と朱が折り目に点在している紙布。大福帳などが紙糸とされ織り込まれている。山形でかつてはさかんに作られた。

8'. アイヌの半纏 Workwear made from *ohyō*
    110×113cm、オヒョウ
    青森市教育委員会蔵。アイヌの人々の伝統的な衣服であるアットゥシ(靭皮衣)の繊維はオヒョウなどからとられる。この着物は、青森で使われていたもの。

9'. おつづれ *Otsuzure*
    108×128cm、藤布
    かつて藤布は日本各地の里山で織られていた。この着物は新潟の村上で作られ使われていたもの。作品タイトルは、最後まで藤布を織っていた京都・宮津の上世屋に因む。

10'. オクソザックリ Workwear made from *okusozakkuri*
    102×65cm、大麻
    大麻を刈り取り、柔らかくして表皮を取り除き、裂いて績む過程で生じた「苧クソ(屑)」という。これを寄せ集めてできた布

をオクソの布、裂織りがなまってサックリと言われてきたとされる。石川、福井で多く見つかる。

11. 銀河-Ⅱ *Galaxy-Ⅱ* (2023)
    176×210cm、木綿のつぎはぎ、トルファン綿｜藍染、一点絞り
    青森で入手した襤褸

12. 銀河-Ⅰ *Galaxy-Ⅰ* (2023)
    185×168cm、木綿と紙布のつぎはぎ、トルファン綿｜藍染、一点絞り

13. 銀河-Ⅳ *Galaxy-Ⅳ* (2023)
    183×158cm、木綿のつぎはぎ、トルファン綿｜藍染、一点絞り
    青森で入手した襤褸

14. 銀河-Ⅲ *Galaxy-Ⅲ* (2023)
    160×160cm、木綿のつぎはぎ、トルファン綿｜藍染、一点絞り

15. 北斗 *Hokuto* (2023)
    203×93cm、和綿、トルファン綿｜藍染、一点絞り

16. 銀河-Ⅴ *Galaxy-Ⅴ* (2023)
    143×103cm、麻世妙、トルファン綿｜藍染、一点絞り

17. 銀河-Ⅵ *Galaxy-Ⅵ* (2023)
    128×133cm、木綿のつぎはぎ半纏、トルファン綿｜藍染、一点絞り

18. 緑の向こう-Ⅱ *Beyond Green-Ⅱ* (2020)
    161.5×127cm、大麻｜藍染、しみ染、ぼかし染

19. 杜の向こう *Beyond the Forest* (2021)
    175.5×135cm、シナ布｜藍染、しみ染、ぼかし染

20. 福本潮子 制作過程映像
    Fukumoto Shihoko Production Process Video (2023) 9'12"
    撮影・編集：Ufer! Art Documentary

21. すっちゃんちゃがら *Sutchan Chagara* (2023)
    230×416×9cm、トルファン綿、反応性染料・一部金／プラチナ箔｜なるほど染め、布象嵌

22. ちゃんちゃがら *Chan Chagara* (2023)
    230×416×9cm、トルファン綿、反応性染料・一部金／プラチナ箔｜なるほど染め、布象嵌

23. 福本繁樹 制作過程映像
    Fukumoto Shigeki Production Process Video (2023) 9'48"
    撮影・編集：Ufer! Art Documentary

24-1. 百華千態万象 *Hyakkasentaibansho* 30/100 (2019)
24-2. 百華千態万象 *Hyakkasentaibansho* 2/100 (2019)
24-3. 百華千態万象 *Hyakkasentaibansho* 55/100 (2019)
    各 10.5×10.5×3.5cm

25. 風囱（かざまど）*Kazamado* (2023) 60×60×4.5cm

26-1. 落花流水 *Rakkaryusui* '18-A-3 (2018)
    40×10.5×3cm
26-2. 落花流水 *Rakkaryusui* '18-B-3 (2018)
    40×10.5×2cm

27. 通い囱（かよいまど）*Kayoimado* (2023)
    45×45×3cm

28-1. もどろ *Modoro* (2023)
28-2. はだれ *Hadare* (2023) ｝各 45×45×3cm
28-3. はだら *Hadara* (2023)

29-1. 百華千態万象 *Hyakkasentaibansho* 29/100 (2019)
29-2. 百華千態万象 *Hyakkasentaibansho* 21/100 (2019)
29-3. 百華千態万象 *Hyakkasentaibansho* 15/100 (2019)
    各 10.5×10.5×3.5cm

30-1. 森羅 *Shinra* '18-9 (2018)
30-2. 森羅 *Shinra* '18-3 (2018)
    各 18.5×18.5×3.5cm

31. 狭囱（さまど）*Samado* (2023) 55×55×4.5cm

32-1. 百華千態万象 *Hyakkasentaibansho* 25/100 (2019)
32-2. 百華千態万象 *Hyakkasentaibansho* 44/100 (2019)
32-3. 百華千態万象 *Hyakkasentaibansho* 58/100 (2019)
    各 10.5×10.5×3.5cm

33-1. 森羅 *Shinra* '18-6 (2018)
33-2. 森羅 *Shinra* '18-14 (2018)
    各 18.5×18.5×3.5cm

34. 慶雲 *Keiun* (2023) 37.5×150×4.5cm

35-1. 森羅 *Shinra* '18-12 (2018)
35-2. 森羅 *Shinra* '18-8 (2018)
    各 18.5×18.5×3.5cm

36-1. 百華千態万象 *Hyakkasentaibansho* 60/100 (2019)
36-2. 百華千態万象 *Hyakkasentaibansho* 56/100 (2019)
36-3. 百華千態万象 *Hyakkasentaibansho* 23/100 (2019)
    各 10.5×10.5×3.5cm

すべてトルファン綿、反応性染料・一部金／プラチナ箔｜なるほど染め、布象嵌

福本繁樹　FUKUMOTO Shigeki

1946年滋賀県生まれ、京都市育ち。京都市立美術大学（現・京都市立芸術大学）西洋画科で学ぶ。89年まで家業の和装染色業に従事。京都市立美術大学ニューギニア美術調査隊に参加するなど、69〜90年にかけて南太平洋美術を探査し、著作にも注力する。76年『メラネシアの美術』（求龍堂）の出版以降、染色家として作品発表を本格化させた80年代後半からスイス、ポーランド、インドネシア、中国、韓国などの国際展に参加するなど、現代美術やファイバーアートの領域で活動。京都を拠点に、「染め」が日本固有の文化であることを論証・実践し、染色・工芸論講義や民族藝術学会での研究活動にも取り組む。近年は「する」から「なる」へ、自然の理や現象にまかせた「なるほど染め」を考案。「日本の美」を伝えてきた、35年にわたる活動の軌跡を集約した作品集『愚のごとく、然りげなく、生るほどに』（淡交社）を2017年に刊行した。

Fukumoto Shigeki was born 1946 in Shiga Prefecture and grew up in Kyoto. He studied Western painting at Kyoto City University of Arts and worked in the family kimono dyeing business until 1989. Having joined the Kyoto City University of Arts New Guinea art research expedition as a student, between 1969 and 1990 he continued investigations of South Pacific art while also devoting himself to publication in the field. Having published *Melanesian Art* (Kyuryudo, 1976), he began in earnest to exhibit his work as a dye artist, participating in national painting and craft exhibitions and from the late 1980s he has been active in the fields of contemporary art and fiber art, participating in international exhibitions in Switzerland, Poland, Indonesia, China, Korea and elsewhere. Based in Kyoto, he has argued that the culture of '*somé* (Japanese dyeing)', which he puts into practice, is unique to Japan. He is also involved in lectures on dyeing and crafts theory, together with research activities at the Society of Ethno-Artists. In recent years, he has shifted from the principle of '*suru* (doing)' to '*naru* (becoming)' and invented '*naruhodo-zomé*', a dyeing method that relinquishes control to natural principles and phenomena. In 2017, he published a collection of his writing, titled in English *To Dye, Perchance to Dream* (Tankosha), which brings together the trajectory of his activities over 35 years of conveying the 'beauty of Japan'.

福本潮子　FUKUMOTO Shihoko

1945年静岡県清水市生まれ。68年京都市立美術大学（現・京都市立芸術大学）西洋画科卒業。ニューギニアの民族美術の学術調査に携わったことを機に、自らのアイデンティティを問い直し、二代目龍村平蔵のもとで京都に栄えた染織文化を学ぶ。そのなかで藍に出会い作品制作を開始。日本の伝統と独自技法を組み合わせた藍染め作品を、80年代より欧米各地の国際展や個展で発表する機会を得て、国際的に評価を受けている。近年では、手績みの業が凝縮された希少な自然布に着目。時代とともに失われてゆく日本の手仕事にみられる風土や気質を再認識し、それを自らの作品に活かす制作を試みている。2015年、最初期からの活動の集大成として『福本潮子作品集 藍の青』を赤々舎より刊行（第50回造本装幀コンクール「出版文化国際交流会賞」受賞）。近年の個展「福本潮子展 藍の青 2021」（髙島屋美術画廊やARTCOURT Gallery）などを通じ、古布の作品シリーズの新たな展開を見せている。

Born 1945 in Shimizu City, Shizuoka Prefecture, Fukumoto Shihoko graduated from Kyoto City University of Arts in 1968 with a degree in Western painting. After engaging in academic research on ethnic art in New Guinea, she began to consider the question of her own identity, studying the dyeing and weaving culture that flourished in Kyoto under Tatsumura Heizo II. In the process, she encountered indigo and began producing her own works. Since the 1980s, she has had a number of opportunities to exhibit her indigo dye works, which combine Japanese tradition and her own techniques, at international and solo exhibitions in Europe and the USA, and has received international acclaim. In recent years, she has focused her attention on rare natural fabrics which are a condensed product of the handspun industry. She has gained a renewed appreciation of natural environment and human temperament revealed in Japan's old and rapidly disappearing handicraft tradition, and attempts to bring this to life in her own work. In 2015, as a compilation of her activities since the beginning of her career, she published *Fukumoto Shihoko: Japan Blue* (Akaakasha), which was awarded the Publication Culture International Exchange Society Prize at the 50th Japan Book Design Awards. Her recent solo exhibition "Fukumoto Shihoko Exhibition: *Ai no Ao* (Japan Blue) 2021" (Takashimaya Art Gallery and ARTCOURT Gallery), has revealed new developments in her series of works using old cloth.

展覧会情報
『発現する布——オセアニアの造形と福本繁樹／福本潮子』

2023年4月15日（土）－6月18日（日）
10:00-18:00 | 会期中無休 | 入場無料
青森公立大学 国際芸術センター青森［ACAC］
展示棟ギャラリーA・B

アーティスト
福本繁樹／福本潮子

映像制作
Ufer! Art Documentary

企画
慶野結香

テクニカルサポート
青木邦仁、椎啓、山岸耕輔、柳谷航野、佐藤修一

サポート
村上綾、武田彩莉、飯田克子

事務局
鹿内一徳、大久保寛樹、中村康平、中村裕、桜庭未来

主催
青森公立大学 国際芸術センター青森［ACAC］

協力
アートコートギャラリー
青森市教育委員会
AIRS（アーティスト・イン・レジデンス・サポーターズ）
青森公立大学芸術サークル

助成
公益財団法人花王 芸術・科学財団
公益財団法人朝日新聞文化財団

後援
青森テレビ、RAB青森放送、青森朝日放送、青森ケーブルテレビ、
エフエム青森、ABHラジオ、東奥日報社、陸奥新報社、
デーリー東北新聞社

———

2025年3月13日　初版第一刷発行

執筆：福本繁樹、福本潮子、慶野結香
翻訳：メレディス・マッキニー
アートディレクション・デザイン：デュウェル智紗
写真：Ufer! Art Documentary
印刷・製本：株式会社サンエムカラー

発行人：宮田哲男
発行所：株式会社 雄山閣
東京都千代田区富士見2-6-9
電話：03-3262-3231

Printed in Japan
© TEXTILE REVELATIONS – Oceania's Creations,
FUKUMOTO Shigeki and FUKUMOTO Shihoko
© Aomori Contemporary Art Centre, Aomori Public University, 2025
禁無断転載 All rights reserved
ISBN 978-4-639-02953-3 C0039

TEXTILE REVELATIONS – Oceania's Creations,
FUKUMOTO Shigeki and FUKUMOTO Shihoko

Saturday, April 15 – Sunday, June 18, 2023
10:00-18:00, Open daily during the exhibition, Admission free
Gallery A·B, Exhibition Hall
Aomori Contemporary Art Centre, Aomori Public University

Artists
FUKUMOTO Shigeki and FUKUMOTO Shihoko

Film Direction
Ufer! Art Documentary

Curator
KEINO Yuka

Technical Support
AOKI Kunito, SHII Kei, YAMAGISHI Kosuke, YANAGIYA Koya,
SATO Shuichi

Support
MURAKAMI Aya, TAKEDA Ayari, IIDA Katsuko

Administration
SHIKANAI Kazunori, OKUBO Hiroki, NAKAMURA Kohei,
NAKAMURA Hiroshi, SAKURABA Mirai

Organized by
Aomori Contemporary Art Centre, Aomori Public University

In Cooperation with
ARTCOURT Gallery, Aomori City Board of Education, AIRS (Artist
in Residence Supporters), Art Club of Aomori Public University

Supported by
The Kao Foundation for Arts and Science
The Asahi Shimbun Foundation

Nominal Support
Aomori Television Broadcasting Co., Ltd., RAB Aomori Broadcasting
Corporation, Asahi Broadcasting Aomori Co., Ltd., Aomori Cable
Television, Aomori Fm Broadcasting, ABH Radio, The To-o Nippo
Press Co., Mutsusinpou Co., Ltd., The Dairy-Tohoku Shimbun Inc.

———

First edition: March 13, 2025

FUKUMOTO Shigeki, FUKUMOTO Shihoko, KEINO Yuka
English translation by Meredith McKinney
Art direction and design by Chisa Yagi Deuel
Photograph by Ufer! Art Documentary
Printed by SunM Color Co., Ltd.

Publisher: MIYATA Tetsuo
Published by Yuzankaku, Inc.
Address: 2-6-9 Fujimi, Chiyoda-ku, Tokyo, Japan
Phone number: +81-3-3262-3231

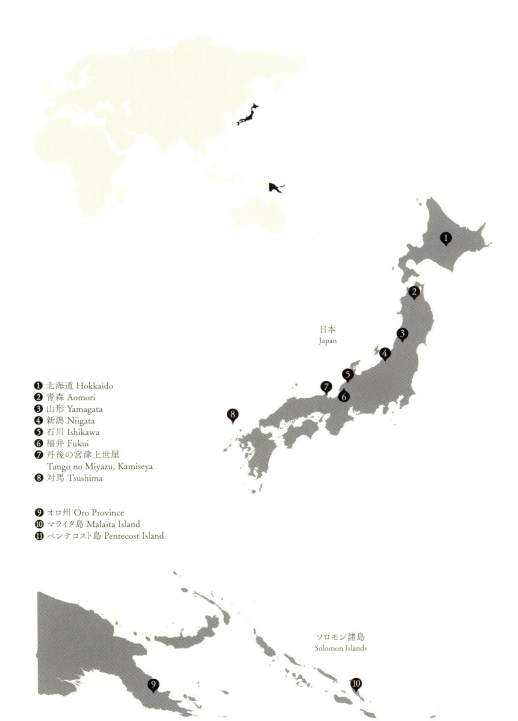

❶ 北海道 Hokkaido
❷ 青森 Aomori
❸ 山形 Yamagata
❹ 新潟 Niigata
❺ 石川 Ishikawa
❻ 福井 Fukui
❼ 丹後の宮津上世屋
　 Tango no Miyazu, Kamiseya
❽ 対馬 Tsushima

❾ オロ州 Oro Province
❿ マライタ島 Malaita Island
⓫ ペンテコスト島 Pentecost Island

日本
Japan

ソロモン諸島
Solomon Islands

パプアニューギニア
Papua New Guinea

ヴァヌアツ
Vanuatu